내 안에 분꽃

발행일 2025. 8. 15.
지은이 김병철

펴낸곳 인쇄출판정문사
출판등록 제1998-000001호
주소 충북 충주시 교동1길 15-22(교현동)
전화 (043) 847-9201
팩스 (043) 847-9221
이메일 jmpr9201@hanmail.net

ⓒ 2025. 김병철

ISBN 979-11-93053-47-8(03810)

※ 이 책의 저작권은 저자에게 있습니다. 서면에 의한 저자의 허락없이
   내용의 일부를 인용하거나 발췌하는 것을 금합니다.
※ 책값은 뒤표지에 있습니다.
※ 이 책은 충주시, 충주문화관광재단의 후원으로 발간되었습니다.

제2시조집

내 안에 분꽃

德香 김병철

정문사

작가의 말

『내 안에 분꽃』을 상재하며

시詩로 등단하여 『홀로 쓰는 자서전』이라는 시집을 출간하고 우연한 기회에 3장 6구 12소절의 시조時調에 입문하여 시조時調 시인에 등단하여 음률과 정형성에 빠져서 틈틈이 창작한 작품을 가지고 2023년 제1시조집 『소중한 일상의 풍경』을 상재하고 부족한 부분은 배우고 시조의 가치인 정체성을 지키면서 금번에 제2시조집 『내 안에 분꽃』을 상재하였으나 덜 익고 어눌한 것은 내 글재주가 이것뿐인 것에 고개 숙인다.

세월이 빠른 것인지 인생이 빠른 것인지 가늠할 수 없지만 30여 년의 직장 생활을 퇴직한 것이 엊그제 같은데 7이라는 행운의 숫자가 앞서고 있습니다.

직장을 퇴직하면 인생 제2막의 시작이라는 거대한 기대감을 갖고 어릴 적 경험과 흙에 대한 소박한 생각으로 농사일을 시작하였으나 익숙하지 않는 육체노동과 체계화되지 않는 영농준비로 시행착오 겪으면서 금번에 상재한 제2시조집 『내 안에 분꽃』은 낯선 환경에서 선남선녀로 만나 40여 년을 함께하면서 기념일 한 번 챙겨준 적이 없는 남자를 그냥 믿고 있는 아내에 대한 고마움과 농사일을 하다보니 자연에 대한 24절기의 경이로움과 지역 사회에 대한 관심 그리고 여행과 교류를 통한 발걸음에 묻어 온 소소한 이야기를 담았습니다.

향토 시인의 졸작을 2번이나 출간을 할 수 있도록 지원해 주신 충주시와 충주문화관광재단에 감사드리고 제1집 『소중한 일상의 풍경』 서평에 이어 제2집 『내 안에 분꽃』 서평을 써 주신 김선주 문학평론가님께 감사드리며, 또한 꼼꼼한 교정과 편집으로 소중한 책을 만들어 주신 인쇄출판 정문사에 감사드리고 노을이 아름다운 것은 구름과 동행을 하기 때문이라 합니다. 시조 공부를 함께하면서 따뜻한 손길을 잡아주는 충주시조문학 회원, 그리고 사)한국시조협회 회원님에게 감사드립니다.

2025년

德香 **김 병 철**

차례

004 작가의 말

1부 뜰 안의 그리움

014 思父曲
015 울 엄마
016 사모곡思母曲
017 내 안에 분꽃
018 김병철
019 부부별곡夫婦別曲
020 옥수수
021 어느 날
022 배추 김장김치
023 묵은지
024 곶감
025 인생길
026 잊혀간다

2부 24절기 - 봄(春), 여름(夏), 가을(秋), 겨울(冬)

028 입춘立春
029 우수雨水
030 경칩驚蟄
031 춘분春分
032 청명淸明
033 곡우穀雨에 비가 내리면
034 입하立夏
035 소만小滿
036 망종芒種
037 단오端午
038 하지夏至
039 소서小暑
040 대서大暑
041 칠월칠석
042 입추立秋
043 처서處暑
044 백로白露
045 추분秋分
046 한로寒露
047 상강霜降

048   입동立冬
049   소설小雪
050   대설大雪
051   동지冬至
052   소한小寒
053   대한大寒

3부 발로 보는 세상

056   두타연
057   백담사百潭寺
058   토지마을
059   화엄사 홍매화
060   탑평리7층석탑
061   비내길
062   진천 농다리
063   호암지虎岩池
064   외돌개
065   쇠소깍
066   강정포구
067   제주해녀

068   한라산漢拏山

069   종댕이길

070   목도 매운탕

071   수주팔봉

072   충주호

073   탄금호彈琴湖

074   앙성면

075   천등산天登山

076   인등산人登山

077   지등산地登山 건지마을

078   대림산 봉수대大林山 烽燧臺

079   대마도對馬島

080   노포老鋪

4부 소소한 이야기

082   어쩌다가

083   추억의 강

084   군자란

085   8월의 크리스마스

086   꽃샘추위

087　상전벽해桑田碧海

088　벚꽃

089　양귀비 꽃

090　신경림 詩人 追慕詩

091　꽃피는 노은老隱문학

092　사람과詩 30년

093　텃밭 가꾸기

094　어찌하오리

095　가을날

096　골목길에는

097　누에고치 1

098　누에고치 2

099　赤字 인생

100　물레방앗간

101　연자방앗간

102　연탄煉炭

103　잡초에 고함

104　비내길 수채화

105　돌탑

106　메밀밭

107　고드름

108　팔관회八官會

109 눈(雪)

110 농한기農閑期

111 농번기農繁期

112 가을날 단상斷想

113 산사山寺에서

114 복지부동伏地不動

115 하숙 인생

116 뒷배가 있다

117 산불山火을 보면서

118 3금 시대

119 기억記憶

122 **시평** 하루살이의 천일야화千一夜話
   _ 김선주 문학평론가

1부
뜰 안의 그리움

思父曲

평생을 흙밭에서 고운 꿈 가꾸시며
피붙이 뒷바라지 헝클어진 손발들은
떠도는 구름 되어서 하늘 날고 있겠지

가뭄이 든 다리로 관주고개 넘으시던
야윈 등 굽은 어깨 그믐달에 접히어도
입가에 환한 미소는 잊지 못할 그리움

세월이 흐른 뒤에 그 자리 되어보니
이제야 알 것 같네 속울음 삼킨 사연
아버지 머물던 자리 눈 감으면 잊힐까

울 엄마

피붙이 키우시며 입가에 환한 미소
고희에 글을 배워 이름자 써 놓시고
못 배운 한을 푸셨다고 좋아하던 그 모습

애호박 몇 개 놓고 앉아있던 그 모습을
못 본 척 돌아갔던 철부지 어린 시절
떠난 후 속죄의 눈물 앙가슴을 후비네

사모곡思母曲

꿈엔들 잊히리오 천만 번 불러봐도
늘 마음 시린 것은 애처롭던 어머니 삶
떠난 후
후회의 눈물
불효자는 웁니다

내 안에 분꽃

인연의 청실홍실 날실로 매듭 엮어
부푼 꿈 가슴 안고 중원에 보금자리
신새벽 닭울음소리 버선발이 닿았네

단칸방 쪽창문에 스며들던 한 줌 햇살
가뭇한 고된 세월 쓰다 만 눈물편지
피붙이 해맑은 웃음 박카스가 되었지

속앓이 첫사랑도 가뭇한 추억으로
세월에 흰머리를 쓸어 담던 뒷모습은
속마음 다 감추고 핀 분꽃 같은 사람아

김병철

김 서린 창문으로
   스며든 아침햇살
병 아리 시조시인
   사숙을 흉내 내며
철 지난
   시조집에서
   시조뿌리 찾는다

부부별곡 夫婦別曲

이성二姓이 인연으로 원앙이 따로 있나
생에는 불꽃같이 우산과 지팡이로
혼자서 갈 수 없는 길 둘이 가는 여행길

엇박자 줄 고르며 한 박자 쉬어가는
좋은 날 함께 웃고 슬픈 날 감싸안는
솔기에 실과 바늘처럼 함께하는 즐거움

옥수수

하늘이 입혀주신 열두 벌 녹색 적삼
옥 같은 하얀 속살 두 줄은 하모니카
부엉이
우는 산골에 음악회가 열리네

어느 날

인연의 질긴 실줄 생을 기운 사람처럼
계절은 대문 사이 기척 없이 들어오고
오늘은
친구의 안부 졸음처럼 밀려온다

배추 김장김치

갈라진 노란 속살 겹겹이 소금세례
씻기고 다듬어서 붉은 옷 곤지 찍어
인연을 다독이면서 묵언수행 들었다

묵은지

토굴 속 항아리에 숨죽인 배추김치
동안거 하안거에 인연의 질긴 실줄
혀끝에 곰삭은 세월 입안에서 느낀다

곶감

벗겨진 고운 속살 열반의 고행 끝에
삼칠일 깊은 공덕 활짝 핀 흰 꽃송이
연분홍 말랑한 향기 대문 열고 나온다

인생길

인생은 이슬 같고 산천은 의구하고
하루에 새벽이 두 번 올 수 없듯이
걸어온 천년의 밀어 햇살처럼 들리네

잊혀간다

신발장 귀퉁이에 먼지 쓴 해진 구두
마모된 뒤꿈치와 골 깊은 나이테가
지나온 발자국 속에 기도하는 수도승

진자리 마른자리 살피고 아끼면서
연민이 새겨있는 구겨진 주름살에
무정한 세월 안고서 지친 삶을 잊었지

2부

24절기

봄(春), 여름(夏), 가을(秋), 겨울(冬)

입춘立春

잔설을 뒤로하고 봄비가 찾아오니
연둣빛 가지 끝에 젖몸살 앓는 소리
헛간에 녹이 슨 호미 봄 신명이 지폈다

우수雨水

실개천 물소리를 기다린 햇살 한 줌
영롱한 이슬방울 나목에 꽃을 피워
연둣빛 버들가지는 어깨춤만 추고 가네

경칩驚蟄

산그늘 숨어 사는 옹달샘 가장자리
우수에 입김으로 언 땅을 밀어내니
머잖아 껍질을 깨고 진군나팔 불겠다

춘분 春分

물오른 산벼랑에 봄꽃은 피고 나고
밤낮이 같아지면 그리던 임 보일 듯
논두렁 햇살 아래서 꽃의 노래 듣는다

청명清明

봄 햇살 출랑대고 노란 물결 풀어놓은
잔 부어 문안하는 야트막한 묘소 위로
스쳐간 까마귀 소리 하늘빛이 곱구나

곡우穀雨에 비가 내리면

단비가 부슬부슬 잠이 깬 지렁이들
가지에 맺힌 눈물 여린 풀 빗질 소리
동박새 앉은 자리에 봄 신명을 지폈네

고비의 누런 황사 말끔히 씻겨가고
연분홍 산골짜기 뻐꾸기 날아드니
청명한 하늘 아래는 청치마를 입는다

입하立夏

종달새 높이 날고 청보리 익어갈 때
호미를 걸어놓고 쉬고있는 그늘 아래
샛노란 꾀꼬리 울음 찔레꽃에 전한다

소만 小滿

초록빛 옷고름에 풀피리 꺾어 불고
산까지 높이 날고 청보리 익어가니
노을에 워낭소리가 풍년가를 부른다

망종芒種

모내기 끝난 논에 개구리 합창 소리
인과는 응보같이 뿌리지 아니하면
깡마른 가시랭이도 자리 찾아 눕는다

단오 端午

땀 흘린 호미 씻어 헛간에 걸어놓고
그네에 나부끼는 연분홍 치맛자락
창포물 머리를 감던 어머니의 뒷모습

하지夏至

살 오른 주먹감자 물끄러미 바라보며
끼니를 걱정하던 부모 세대 생각하니
울컥한 눈물방울이 이슬처럼 맺혔네
배부른 풍요 속에 보릿고개 지났건만
마음은 분주하고 일상은 허덕이고
뜨락에 모기 소리가 보초처럼 서 있다

소서 小暑

피 찾는 모기들의 사이렌 공습경보
귓가에 들려오는 은하수 여울 소리
먼 이역 선풍기 바람 거친 숨을 뱉는다

대서 大暑

거친 숨 토해대는 에어컨 앞에서도
염소뿔 녹아내며 소금산 쌓여가고
잠 설친 하얀 낮달의 하품 소리 들린다

칠월칠석

까마귀 까치 떼의 머리로 이은 다리
하늘 길 저 별들은 애타는 임의 눈빛
이 밤도 그리운 정에 가랑비가 내린다

입추立秋

초록 잎 휘어지는 만삭의 벼이삭들
뜰아래 귀뚜라미 문풍지 두드리면
살 오른 고추잠자리 갈지자를 걷는다

처서 處暑

신들린 매미 소리 초록 잎 휘어지고
모기 입 돌아가고 귀뚜라미 우는 밤에
동구 밖 오동나무는 노란 옷을 입었네

백로白露

청명한 하늘 아래 만삭된 벼이삭들
땀방울 익어가고 살 오른 메뚜기들
참새 떼 허수아비와 아침인사 나눈다

추분 秋分

제비가 떠난 둥지 거미가 집을 짓고
땀방울 익어가고 박타는 흥부 가족
글 읽던 귀뚜라미는 달마중을 나왔네

한로 寒露

산하를 불태우는 단풍의 아우성에
풍년가 노랫가락 신명난 부지깽이
외발의 허수아비는 새경 달라 외친다

상강霜降

푸르던 그 시절은 무서리에 스러지고
바람에 흩어지는 꽃구름 인생길에
키 작은 햇살 한 줌이 마루 끝에 서 있다

입동立冬

손대면 깨질 듯한 수정 같은 맑은 하늘
거둠이 끝난 들녘 옥양목 푸른 날빛
집 나간
피붙이들이
하나둘씩 모여들고
찬 기운 겨울문턱 슬며시 다가서면
김장을 버무리는 어머니 뒷모습에
마른 잎
뒹구는 소리
겨울채비 서둔다

소설 小雪

하늘은 잿빛인데 순백의 깃털들이
춤추듯 내려오는 공양하는 넓은 들판
먼 이역 쇠기러기 떼 날개 접고 앉는다

대설大雪

광활한 산야에는 이불 한 채 짊어지고
세상이 뒤집혔다 하늘엔 원망 소리
간이역 기적 소리도 깊은 잠에 빠졌다

동지 冬至

눈 덮인 노송 아래 한 줌 햇살 넘어가고
음양에 버무려진 붉은색 하얀 공심
노승의 독경 소리가 산허리를 감는 날

소한 小寒

굽이진 돌담 아래 서 있는 고사목에
살 에는 칼바람이 문풍지 흔들더니
찬 서리 머문 자리에 수정 같은 고드름

대한 大寒

겨울에 움츠리는 큰 추위 작은 추위
추워도 안 추워도 걱정으로 사는 세상
마지막 이십사절기 이른 봄이 오는 길

3부
발로 보는 세상

두타연

바람만 자유로이 산등성을 넘어가고
녹이 슨 철모에는 꽃들이 피고 지는
그리움 밟고 가는 땅 금강산이 그립다

백담사 百潭寺

인연의 발걸음에 마주한 님의 침묵
천년 혼 서린 뜨락 은은한 독경 소리
기 받아 스친 옷깃에 죽비 소리 들리네

토지마을

사르는 봄 햇살에 목련꽃 피는 언덕
땅 내음 어깨춤에 꽃들은 피고 지고
보듬고 살아온 세월 땀방울이 구른다

화엄사 홍매화

봄 햇살 지핀 뜨락 절 밝히는 여린 가지
등불을 내어 걸고 삼백여 년 소신공양
기 받아 스친 옷깃에 인연 향기 구른다

탑평리7층석탑

중원골 탑평리에 윤회의 수레바퀴
천년 혼 서린 뜨락 고요한 바람 소리
기 받아 스친 옷깃에 수도승의 발소리

비내길

안개가 길을 내어 그늘에 멈춰 서는
억새꽃 가을 노래 목 놓아 부를 때에
바람이 춤추는 노을 쉬어가는 나그네

진천 농다리

음양을 배합하여 각진 돌 모로 누워
밟히고 채이면서 스물여덟 지네다리
기 받아
스친 인연에
발걸음도 가볍네
철새들 쉬어가고 백로도 깃을 접는
물고기 비늘처럼 사리 박힌 돌탑인 듯
지켜온
천년 세월은
매양 같아 보인다

호암지 虎岩池

물안개 노를 젓는 살가운 은빛 물결
명경을 뉘인 호수 낮달이 잠이 들고
숨어 핀 찔레꽃 향기 어머니의 젖무덤

모시래 넓은 들에 젖가슴 내어주고
호젓한 호숫가에 피어나는 생의 마디
초저녁 노을빛 향기 잠든 별을 깨운다

외돌개

달빛이 뜬눈으로 지새는 하늘 아래
사무친 저 그리움 휘감는 파도 소리
밤하늘 두견새 소리 귀에 젖어 들리네

쇠소깍

누운 소 등을 타고 물무늬 그물 치는
절경의 바위 사이 전설이 숨어 살고
일월이 잠든 하늘로 흰 구름이 떠가네

강정포구

불에 덴 엉덩이가 다홍으로 물든 바다
뭇별이 흩어지는 집어등 은빛 물결
물컹한 지난 독백이 부둣가에 서 있다

제주해녀

바닷물 품에 안고 해무를 앞세우며
일생을 담방구질 구럭에 소라 전복
윤슬에 이어도 사랑 갯바위에 던진다

한라산漢拏山

짙푸른 능선 따라 은하수로 가는 길에
불 꺼진 구덩이에 허공을 가둬놓고
하늘도 손잡은 명산 노독을 풀고 있다

종댕이길

안개 핀 자드락길 물결은 살랑이고
소나무 가지 끝에 걸어둔 소망 하나
인연에 스친 옷깃을 떠나보낸 그 사람

사과밭 꽃향기는 풀어놓은 공양미
막바지 고갯길에 시 한 수 풀어놓고
바람에 길을 물으니 제 갈 길을 가라네

풀벌레 우는 밤에 그네를 밀어주던
차부집 막내딸은 어디쯤 있을까
그 모습 볼 수 없으니 발걸음이 아쉽다

목도 매운탕

물안개 피어나는 호젓한 강기슭에
숨어 핀 꽃향기에 물새가 날아오면
떠있는 나무배에서 들려오던 아리랑

그물로 잡은 고기 손맛에 정성 입혀
끓여낸 매운탕에 잃었던 입맛 찾아
수달도 침을 흘리며 갈지자를 걷는 밤

동트는 강가에는 물비늘 반짝이고
먼 산에 뻐꾸기도 인연을 찾아오듯
부엌의 달그락 소리 목도강이 그리워

* 목도강 : 충북 괴산군 불정면 목도리를 흐르는 강

수주팔봉

철종이 꿈에서 본 절경의 팔 형제봉
흐르는 물소리에 시 한 수 띄워놓고
구슬픈 소쩍새 울음 조각달이 떠간다

* 수주팔봉 : 충주시 살미면 향산리에 있음.

충주호

삼백 리 물길 따라 인연은 스쳐가듯
그물을 손질하던 노부부의 노랫가락
부엉새
울던 바위는 어디쯤에 있을까

커다란 벚나무길 이어지는 길섶으로
물안개 안고 오는 다랑논의 워낭소리
고향땅
어디에선가 내 이름을 부를까

탄금호 彈琴湖

가야금 고운가락 떠가는 호숫가에
신립과 팔천용사 생을 마친 열두대는
창공을 가르는 소리 흰 물결만 날리네

앙성면

국망봉 바람 소리 구슬프게 우는 밤에
술 취한 구름 따라 풀어헤친 옷고름
갈대는 서걱이면서 애간장을 태우고

억새꽃 가을 노래 목 놓아 부를 때에
능암리 탄산온천 그늘 삼아 멈춰 서니
비내길 자연 풍광은 노을빛이 곱구나

천등산 天登山

앞서간 흰 구름이 쉬어 넘는 고갯마루
한양 간 낭군 소식 왕거미는 알고 있나
천상에 이는 바람이 금봉낭자 찾는다

* 천등산 : 충주시 산척면에 있는 산

인등산 人登山

무언의 돌탑 위에 소망을 걸어두고
새소리 머리 이고 봉우리 올라서면
비워낸 땀방울에서 무소유를 읽는다

* 인등산 : 충주시 동량면에 있는 산

지등산地登山 건지마을

소금꽃 흩날리는 산 아래 작은 마을
굽이진 길을 따라 가을빛 사과 향기
이브의 붉은 입술로 그려놓는 수채화

대림산 봉수대 大林山 烽燧臺

남한강 굽어보는 솔가지 무덤 하나
바람에 띄운 잔이 목멱산에 다다르면
산까치 떠난 둥지에 푸른 이끼 보이네

대마도 對馬島

남쪽 끝 바다 위에 떠 있는 점 하나에
이종무 피와 땀은 흰 갈기에 쓸려가고
현해탄 뱃고동 소리 구슬프게 우는 곳

노포 老鋪

문고리 열고 드는 흙벽돌 벽면에는
육천 원 가격표에 열두 첩 백반 한 상
반 접힌 배춧잎 한 장 허리 펴고 웃는 날

세월 때 묻어있는 창호지 빗살무늬
소박한 질그릇에 발효된 정을 담아
길 위에 연줄을 감아 문지방을 나선다

4부
소소한 이야기

어쩌다가

반려란 이름으로 한 백년 살 것처럼
병들고 곤궁하니 날아간 일편단심
어즈버 주인 심성은 조변석개 아닌가

한때는 애지중지 자식이라 부르더니
길거리 배회하는 애완의 겨울나무
초심이 떠난 빈자리 다시 올 수 있을까

상팔자 개판 세상 인륜은 사라지고
한밤에 유랑걸식 등 돌리는 이웃사촌
개 잘못 하나도 없다 모두가 내 탓이다

추억의 강

실핏줄 이어가듯 실개천이 하나 되어
신명난 푸른 물결 모래밭 발자국들
억새꽃 살랑거리며 그리움이 머문 자리

세월은 흘러가고 물어도 대답 없이
지친 맘 다독이며 길잡이가 되어준 강
오래된 기억 한 조각 달빛 아래 떠가네

꿈속에 불러보는 메기의 추억 노래
물빛에 자리 깔고 토닥이던 징검다리
섬광에 젖은 눈망울 붉은 노을 물든다

군자란

선비의 곧은 지조 군자의 넓은 도량
보랏빛 꽃향기에 꼬리 내린 설한풍雪寒風
창밖은 옷고름 풀고 녹색 옷을 갈아입네

8월의 크리스마스

세월 때 묻어있는 낯익은 사진 한 장
민들레 홀씨 되어 홀연히 떠나가고
멍 속에 다시 피어나 눈물꽃이 되었네

꽃샘추위

다시 온 설한풍에 모닥불 타오르고
새침한 잎새 위에 비껴선 봄빛나루
연둣빛 봄꽃 향기는 꼬리 내려 숨었다

상전벽해 桑田碧海

뒹구는 봄 햇살에 냉이 캐던 묵정밭
개구리 합창으로 시를 읊던 다랑논
억새풀 울음소리는 어디쯤에 들릴까

지게에 꼴을 지고 풀피리 불던 시절
성황당 고갯마루 돌아누운 돌탑 아래
지워진 기억을 밟고 달려가는 불빛들

벚꽃

봄 햇살 내려앉는 굽이진 길을 따라
젖몸살 가지 끝에 나부끼는 하얀 속살
분홍빛 터지는 순정 소금꽃이 곱구나

양귀비 꽃

사랑을 기다리는 붉은색 여린 갈대
보는 이 가슴에다 불을 댕긴 꽃 한 송이
하늘도 눈을 감지 못한 양귀비란 그 이름

신경림 詩人 追慕詩

인연이 닿지 않아 뵌 적은 없었지만
글로서 사숙되어 농무에 빠져들어
가난한 사랑 노래와 목계장터 그리네

사진 속 생전 모습 눈앞에 선하온데
홀연히 떠나시니 가슴이 먹먹하여
오일장 남한강변을 걸어본 적 있지요

밀알로 뿌린 씨앗 물길로 이어지며
천형을 놓으시고 동심의 꽃 활짝 핀
고향땅 선영 아래서 편안하게 쉬소서

꽃피는 노은 老隱 문학

우연한 글밭 세상 깨치는 즐거움에
은둔을 벗어내고 이름 석 자 걸렸으니
시작은 미약하였으나 즐겁지 아니한가

낮에는 일터에서 밤에는 글방에서
소소한 내 이야기 글씨는 삐뚤삐뚤
문향의 노은골에는 남녀노소 한 가족

추억은 바람처럼 구름 위를 걸어가듯
한 장의 그림 속에 주름진 내 얼굴이
꽃피며 살아온 길이 이정표가 아닌가

사람과詩 30년

글 좋아 사람 좋아 시작은 미약하나
글 솜씨 굽어 익어 줄기는 창대하니
걸어온 풍상 세월이 삼십 년이 되었네

금이 갈 쪽박이란 뒷말을 뒤로하고
보란 듯 이어가는 오뚝이 꽃 사람과詩
문우들 글밭 세상에 이정표가 되시고

술 한 잔 시 한 수에 사람들 둘러 앉아
시류에 미동 않고 시론을 설說하면서
다져온 반석 위에서 꽃길만을 가소서

텃밭 가꾸기

달팽이 숨바꼭질 풀여치 놀이터에
사르는 햇살 아래 풍성한 쌈 채소들
땀방울 걸어두고서 잠든 별을 깨운다

어찌하오리

민초들 평생소원 배부른 쌀밥 밥상
도랑에 흘려보낸 일곱 근 땀방울들
풍년 든 문전옥답에 상여소리 들리네

아침밥 아침인사 가루에 밀려나고
이어온 천년유산 끊어질까 걱정인데
농자는 천하지대본 빈 뒤주가 없다 하네

가을날

잘 익은 땀방울이 논밭에 주렁주렁
노동에 찌든 하루 시 한 수 풀어놓고
소소한 막걸리 한잔 오색단풍 날린다

골목길에는

비탈진 사과밭 옆 길쭉한 고샅길은
꼬맹이 놀이터에 연탄재 쓰레기들
동박새 앉았던 자리에 새 바람이 불었네

토박이 흩어지고 눌러앉은 이방인들
빛바랜 기와집을 개조한 사랑방에
퍼지는 웃음소리는 밤하늘에 수를 놓고

꽃 심은 쉼터에는 발걸음 이어지니
담벼락 그림에는 추억이 주렁주렁
지나간 옛날이야기 과일처럼 익는다

누에고치 1

업보에 허물 벗고 삼칠일 고행 끝에
먹는 것 미뤄 두고 흰 동굴 면벽 수행
미물도 뜻을 이루리 날개 달고 나는 꿈

누에고치 2

애벌레 얼룩무늬 궁서체 글을 쓰고
얼레에 감아드는 흰 동굴 울음소리
날개 옷 밀쳐 두고서 노을치마 날리네

赤字 인생

오뉴월 햇살같이 늘 푸른 상록수로
땀방울 매만지며 허리춤 곧추서도
허기에 잎 떨군 나무 십자가를 찾는다

물레방앗간

호젓한 개울가에 달빛 숨은 방앗간에
물 장단 소리 맞춰 옷고름 풀어놓은
허생원 헛기침 소리 마른하늘 울리네

음양을 등에 지고 돌아가던 물레방아
여름에 보리 찧고 가을에 벼를 찧던
이끼 낀 수레바퀴는 무슨 할 말 있을까

연자방앗간

서러운 달빛 아래 둥근 돌 모로 누워
천년의 세월자락 멍에 걸고 돌던 자리
두견새 우는 밤하늘 소쩍새는 왜 없나

연탄 煉炭

판자촌 할머니가 잠이 든 단칸방에
십구 공 검은 진주 몸 살라 보시하던
뒤바람 칭얼거리면 커져가는 그리움

연탄불 앞에 놓고 울고 웃던 그 시절에
혼 나간 하얀 백골 아무렇게 던져져도
내 가진 모든 것들을 다 주어도 모자라

잡초에 고함

호미질 몇 번 하니 사지관절 욱신욱신
공생을 꿈꾸지만 태생은 하늘과 땅
웃자라 살랑거리는 잡초야 게 섰거라

비내길 수채화

소금배 오고가던 남한강 물길 따라
강바람 구슬프게 목 놓아 우는 밤에
님 떠난 황포돛배에 그리움만 남기네

돌탑

누군가 올려놓은 키 작은 돌멩이들
채이고 밟힌 것이 음양을 배합한 듯
기 받아 스친 인연에 발걸음도 가볍네

메밀밭

부엉이 우는 산골 민초들 질긴 뿌리
비탈밭 소금꽃에 달빛을 풀어놓고
청노새 방울소리에 지게목발 잡는다

고드름

살붙이 아니던가 눈(雪)으로 흘린 눈물
무언의 눈빛으로 별을 담은 입술인 듯
고드름 목탁 소리는 서슬 퍼런 가르침

팔관회 八官會

인연의 발걸음이 얼마나 버거웠나
만남은 칡덩굴로 뿌리 깊은 나무같이
나이는 뒤로 밀고서 꽃길만을 가소서

* 팔관회 : 사무관 교육동기 모임임

눈(雪)

창공을 휘저으며 덮어주던 솜이불
윙하는 기계 소리 날아가는 하얀 추억
제 발등 찍는다는 걸 왜 모르고 왔을까

농한기 農閑期

논밭을 떠다니던 찢어진 살갗들이
땀방울 걷어내며 때 빼고 광을 내듯
헛간의 몽당호미는 깊은 잠에 빠졌네

농번기農繁期

뼈마디 비명 소리 새벽 잠 밀어놓고
온몸이 상처라도 하루도 쉴 날 없는
서 있는 부지깽이도 소리치며 나온다

가을날 단상斷想

산하는 울긋불긋 곱게 물든 달빛 아래
짝 찾는 귀뚜라미 구슬피 우는 밤에
오동잎
구르는 소리
시조 한 수 피었네

산사山寺에서

대숲의 바람 소리 잡생각 밀쳐내고
촛불은 소신공양 귀를 여는 독경 소리
뜰아래 구르는 햇살 묵언수행 들었네

복지부동伏地不動

덩치 큰 공간 안에 앉아있는 황군들이
고개만 끄덕끄덕 채이고 밟히어도
불어온 회오리바람 깜박이는 눈망울

하숙 인생

하얗게 지샌 달은 전깃줄에 걸려있고
떠도는 집시처럼 무지개 찾던 시절
돌아본 세월 한 자락 잠이 들던 새벽길

뒷배가 있다

낙하산 동아줄은 짬짜미로 이어지며
풍선이 부풀으면 시치미를 떼어내고
가지에 걸린 낮달도 보름달을 꿈꾼다

산불山火을 보면서

부주의 불씨 하나 산야는 혼비백산
고귀한 생명 잃고 천년유산 잿더미로
넋 잃은 터전 위에는 눈물자국 남기네

봄 불은 도깨비불 꺼진 불 다시 보고
한순간 잿더미에 복원은 사오십 년
땅 위에 부는 바람은 비구름이 되어라

3금 시대

음식에 빠져서는 아니 되는 소금이요
사는 데 대우받는 손에 쥔 현금이라
잊지 마 가장 소중한 지금이란 두 글자

기억 記憶

한 올씩 세월 앞에 감아 올린 추억들은
여백에 남아있는 펼쳐본 책장인 듯
어깨를 토닥여가며 가닥가닥 쌓은 정

시평

하루살이의 천일야화 千一夜話

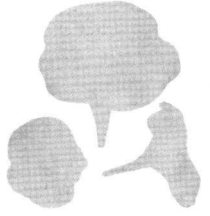

하루살이의 천일야화 千一夜話

김 선 주 문학평론가

1

  시조는 오랜 시간에 걸쳐 끊임없이 발전하고 변화하면서 형식과 내용 면에서 더욱 풍부해졌다. 그 가운데 '자연'은 고시조에서 현대시조에 이르기까지 일관되게 중심적인 소재이자 주제로 자리 잡아왔다. 현대시와는 달리, 현대시조에서 자연은 왜곡이나 과장 없이 순수한 시공간으로 펼쳐지며 제시된다. 대체로 화자는 자연의 대상을 통해 자아를 확장해 나가고, 이러한 자연은 순정한 이미지로 독자에게 다가온다.

  김병철의 시조집 『내 안에 분꽃』은 자연을 매개로 하여, 필멸의 존재인 인간이 불멸의 시간 속을 살아가는 모습을 노래한다. 시인은 봄·여름·가을·겨울의 순환 구조를 한국 고유의 인식 체계인 24절기를 통해 구체화한다. 즉, 봄의 입춘·우수·경칩·춘분·청명·곡우, 여름의 입하·소만·망종·하지·소서·대서, 가을의 입추·처서·백로·추분·한로·상강, 겨울의 입동·소설·대설·동지·소한·대한 등 각각의 절기 풍경을 순정하게 형상화하고 있다. 봄의 시작을 알리는 입춘과 겨울의 끝을 나타내는 대한은 서로의 이미지를 공유하면서 자연의 순환성을 암시한다.

 이처럼 거대한 자연의 굴레는 불멸의 시간성을 장엄하게 드러내며, 그 속에서 인간 존재의 필멸을 더욱 선명하게 부각시킨다. 인간은 불변하는 자연의 웅장함을 따라갈 수 없지만, 그 안에서 끊임없이 변화하는 삶의 희로애락을 견뎌내며 살아간다. 그러나 그 삶의 투쟁은 피 흘리고 찢기는 고통의 흔적이 아니라, 견디고 즐기며 자연이 주는 선물을 온전히 누리는 위대한 철인의 태도를 보여준다.

 잔설을 뒤로하고 봄비가 찾아오니
 연둣빛 가지 끝에 젖몸살 앓는 소리
 헛간에 녹이 슨 호미 봄 신명이 지폈다

「입춘(立春)」 전문

 이 시는 자연과 만물이 일정한 인과관계에 따라 생장하고 번성한다는 사실을 상징한다고 볼 수 있다. 겨울이 오면 반드시 봄이 뒤따르고, 다시 그 겨울이 돌아온다는 이치처럼 말이다. 시에 드러난 여러 심상 또한 순환과 회귀의 구조에 맞게 인접성의 경향을 따른다. 예를 들어, '잔설'과 '녹이 슨 호미'를 보면, 잔설은 서서히 사라지는 겨울의 흔적이며, 호미에 슨 녹은 잔설을 비유하는 이미지임을 알 수 있다. 계절의 전환이 강철 같은 겨울의 이미지와 어우러져 극적인 운율을 만들어낸다.

　이러한 심상의 인접성은 주제의 인접성으로도 확장된다. 잔설=녹이라는 이미지가 호미=대지라는 이미지로 발전하며, 호미는 대지 자체를 반영하는 동시에 그 대지를 깨우는 주체가 된다. 겨울을 걷어내고 봄의 이미지를 불러일으키는 호미는 농부 혹은 화자의 손길을 연상시킨다. 이렇게 시의 주요 이미지들이 서로 감응하며 초장·중장·종장에 이르는 시적 밀도와 강도를 높이고 있다.

　알찬 시적 전개 덕분에 이 시는 24절기 시편의 문을 여는 '씨앗'과도 같다. 만물이 피어나고 자라나는 "젖몸살 앓는 소리"는 남은 봄 절기의 싱그럽고 푸른 이미지를 예비한다. 동시에 겨울 내내 웅크렸던 사람들의 쓸쓸한 자취를 떠올리게 하며, 서서히 깨어나는 불굴의 인간상을 제시한다. 봄과 그 봄을 맞이하는 인간의 희망찬 모습은 '이슬방울'이라는 이미지에 압축되어 나타난다. 「입춘」에서는 가지 끝에 맺힌 봄비의 빗방울을 통해 '젖'과 '앓는 소리'가 불러오는 생명의 진통을 전달한다. 다시 말해, '이슬방울' 곧 '물'은 생명이 움트는 고유한 기제로 작용한다.

영롱한 이슬방울 나목에 꽃을 피워

「우수(雨水)」 부분

「우수」와 「입춘」의 중장은 서로 깊이 소통하고 있다. 두 풍경은 차례로 이어지는 이미지 전환을 선명하게 드러낸다. 「우수」의 봄비가 일으키는 생명의 자극이 쌓이고 쌓여, 내내 '젖몸살'(「입춘」)을 앓던 마른 나무 가지 위의 푸른 새싹은 마침내 한 떨기 꽃으로 피어난다. 새싹은 봄비가 준 '영롱한' 생명의 젖을 머금고 온몸으로 정적을 깨고 나온다. 여기서 생명의 젖이란 무르익은 봄비의 '영롱한 이슬방울'을 뜻한다. 마치 어미가 새끼에게 주는 순수한 젖처럼, 티 없이 맑고 깨끗한 이슬 한 방울이 생명의 긴 잠을 깨우는 것이다.

이러한 '물'의 심상은 봄의 각 절기마다 끊임없이 풍경을 적셔왔다. '입춘'의 봄비에서 시작해 「우수」의 '실개천', 「경칩」의 '옹달샘'으로 이어지며 언 땅을 녹이고 잔잔한 생명의 물결을 흐르게 한다. '춘분'에 이르면 '꽃의 노래'가 가득하고, 대기가 맑아지는 '청명'에는 '물'과 '꽃'이 만나 시적 화학작용을 일으켜 '노란 물결'(「청명」)이라는 미의식을 형성한다. 봄의 문턱에서 숭고하고 엄숙했던 생명 현상이 비로소 미의 체계를 갖춘 것이다. 이를 '풍요의 물결'이라 부르고자 한다.

하늘에서 내려오는 봄비 아래 고체의 탈을 벗고 온통 액체화하는 대지와 인간이 풍요로 물결친다.

> 단비가 부슬부슬 잠이 깬 지렁이들
> 가지에 맺힌 눈물 여린 풀 빗질 소리
> 동박새 앉은 자리에 봄 신명을 지폈네
>
> 고비의 누런 황사 말끔히 씻겨가고
> 연분홍 산골짜기 뻐꾸기 날아드니
> 청명한 하늘 아래는 청치마를 입는다

「곡우(穀雨)에 비가 내리면」 전문

곡우에 이르러 장엄한 잉태의 노래가 대단원을 맞이한다. 곡우는 봄비가 절정을 이루어 곡식을 살찌우는 시기로, 농민들은 한 해 농사의 풍요를 기대한다. 따라서 '물'이 일으키는 풍요에 대한 희망과 생명력은 이 시에 이르러 대지와 일상을 온통 가득 채우는 모습으로 드러난다. 점점 커져가는 생명의 소리에 대지는 들썩이고, 사방에는 "봄 신명"이 울려 퍼진다. 비는 생명이 기지개를 켜도록 북돋을 뿐 아니라, 혼탁한 '누런 황사'를 말끔히 씻어내 산골짜기를 꽃 천지로 바꾼다. 분홍빛 꽃들은 수확을 기원하는 농민의 해맑은 얼굴을 떠올리게 한다. 대지는 맑은 하늘을 닮아 "청치마를 입고" 푸르게 빛난다.

'이슬방울'은 점차 '눈물방울'과 '땀방울'로 전환된다. 앞선 시들에서 봄비는 생명의 젖을 상징했으나, 봄의 마지막 절기인 곡우에 이르러 심상 이동이 일어난다. 잉태의 '젖몸살 앓는 소리'(「입춘」)가 '가지에 맺힌 눈물'로 바뀌고 있다. 이는 농민들의 고된 농번기가 다가왔음을 알리는 신호다. 봄비가 자연을 깨웠다면 이제는 인간이 그 대지에 씨를 뿌릴 차례이다. 농민들은 결실의 계절을 위해 여름 내내 눈물 어린 인내와 노동을 견딜 것이다. 그 여름이 바로 코앞에 다가왔다.

2

24절기는 봄, 여름, 가을, 겨울에 깃든 냉정과 열정의 농도라 할 수 있다. 봄은 겨울을 뒤로하고 서서히 온기를 키운다. 차츰 온기가 퍼지며 무더위가 다가와 여름을 알리고, 가을이 되면 열기는 다시 식어간다. 소슬바람은 겨울을 앞두고 어느새 한풍으로 변해 사람들을 움츠리게 한다. 봄과 겨울은 사계절의 표피 같은 시간으로, 여름과 가을을 감싸며 사람들에게 파종과 수확의 의미를 일깨운다. 혹독한 추위 앞에서 절망할 필요도 없고, 따뜻한 희망 앞에 안주할 수도 없다. 우리는 자연이라는 거대한 굴레의 톱니바퀴 속에서 생을 치열하게 살아내야 한다.

사계절은 향연처럼 펼쳐지는 거대한 생의 무대이며, 그 무대 가까이 시인만의 24절기라는 돋보기가 놓여 있다. 봄과 겨울이 24절기의 알레고리적 층위라면, 여름과 가을은 그 알레고리의 구체적 실체라 할 수 있다. 다시 말해, 24절기라는 돋보기가 포착한 것은 숙명을 살아내는 자연과 인간의 리얼리티이다. 여름과 가을은 자연이라는 불멸의 시간성 앞에 필멸의 존재가 더욱 돋보이는 시기다. 존재가 살아내려는 몸짓은 끊임없이 이어지며, 그 생에 대한 열렬한 몸짓의 상징이 바로 '눈물방울'과 '땀방울'이다.

살 오른 주먹감자 물끄러미 바라보며
끼니를 걱정하던 부모세대 생각하니
울컥한 눈물방울이 이슬처럼 맺혔네
배부른 풍요 속에 보릿고개 지났건만
마음은 분주하고 일상은 허덕이고
뜨락에 모기 소리가 보초처럼 서 있다

「하지(夏至)」 전문

고결한 슬픔의 징후(「곡우에 비가 내리면」)는 마침내 여름 한가운데서 실체를 얻는다. '하지'는 낮이 가장 길고 밤이 가장 짧은 시기로, 여름의 절정에 해당한다. 이 시기는 농작물이 무성하게 자라는 때로, "하지 감자, 백 감자"라는 속담이 있을 정도다. 그러나 위 시에서 화자는 "끼니를 걱정하던 부모 세대"를 떠올리며, 추억과 그리움이 뒤섞인 짙은 애조를 토로한다. 하지가 지닌 풍요의 상징성은 지난 '보릿고개'의 고통에 가려지며 더욱 애틋한 그리움을 자아낸다.

부모 혹은 부모 세대의 끼니 걱정은 곧 생에 대한 열의다. 삶을 이어가려는 선조들의 고뇌가 추억 속에 오롯이 되살아난다. 그러므로 화자의 "울컥한 눈물방울"은 지난날 반짝였던 생의 풍경에 대한 엄숙한 찬미인 셈이다. 또한 화자 자신에게 그 애틋함은 삶을 견디는 힘으로 작용한다. 이 시에는 굶주림의 두 모습이 교차한다. 배를 곯던 보릿고개 시절과, 부모 세대에 대한 그리움이 그것이다. 비록 가난하고 배고팠지만, 가족과 이웃이 함께했던 따뜻한 시절을 갈망한다. 가슴 깊이 새겨진 그 얼굴들은 삶을 버티게 하는 강력한 원동력이다.

'땀방울'은 이러한 서정성을 삶에 대한 굳센 의지의 어조로 전환한다.

청명한 하늘 아래 만삭된 벼이삭들
　　땀방울 익어가고 살 오른 메뚜기들
　　참새 떼 허수아비와 아침인사 나눈다

「백로(白露)」 전문

　　제비가 떠난 둥지 거미가 집을 짓고
　　땀방울 익어가고 박타는 흥부가족
　　글 읽던 귀뚜라미는 달마중을 나왔네

「추분(秋分)」 전문

　'백로'는 밤 기온이 점차 낮아지는 시기로, 이때 새벽 풀잎에 맺힌 이슬이 하얗게 보여 '하얀 이슬'이라는 뜻에서 이름이 유래했다. 백로는 수확을 앞둔 시기로, 농부들은 벼를 비롯한 주요 곡물의 상태를 꼼꼼히 점검한다. 이러한 배경을 고려할 때, "땀방울"은 여름 내내 밭두렁에 새겨진 농작물의 결실이자 고된 노동의 흔적이다. 농민들이 얼마나 치열하게 살아왔는지를 고스란히 드러내며, 그 속에는 고뇌와 희망이 함께 담겨 있다. 중장에 등장하는 "땀방울 익어가고"라는 표현은 벼의 이미지와 겹치며 그 의미를 잘 전달한다.

　하지 이후부터 낮의 길이가 서서히 짧아지다가, 추분에

는 밤과 낮의 길이가 같아진다. 추분을 지나면 밤이 점점 길어지면서 가을이 성큼 다가온다. 이 시기는 수확과 결실의 기쁨이 무르익는 때이기도 하다. 화자는 「백로」의 중장 부분을 「추분」에서 반복하며, 익어가는 땀방울로 결실의 기쁨과 심리적 풍경을 그려낸다. 이렇게 '땀방울'은 인내와 고된 노동의 결실을 상징하며, 희망찬 삶의 몸짓을 환기한다.

그러나 '한로寒露'와 '상강霜降'이 지나면서 찬바람이 불기 시작한다. 한로의 차가운 이슬과 상강의 서리 뒤에는 곧 겨울(「입동」)이 시작되어, 들녘에는 수확과 거둠이 끝난 모습이 펼쳐진다. 수확과 결실의 계절이 지나가고 차가운 기운이 대지에 감돈다. "젖몸살 앓는 소리"(「입춘」)가 "영롱한 이슬방울"(「우수」)을 낳고, "눈물방울"(「하지」)이 되어, 다시 "땀방울"(「백로」, 「추분」)로 익어갔던 지난 계절을 지나 겨울이 도래하는 것이다. 봄·여름·가을이 생명의 물꼬를 틔우는 시기였다면, 이제 그 물길은 서서히 마르고 얼어붙는다.

3

화자가 이른바 '동그라미'의 시작점을 찾기 위해 걷는 발걸음은 멈추지 않는다. 그 원형 회귀의 여정 속에서 독자는 치열한 기원 탐색의 흔적을 발견하게 된다. 즉, 아버지와 어머니의 형상이 우리 존재의 근원으로써 수시로 등장하며 시 전체의 모티프로 자리 잡는다. 24절기 시편의 구조와 '아버지-어머니'의 삶은 아름다운 중첩과 반복이라는 미의식을 공유한다. 먼저 자연과 인간의 관계, 그리고 부모와 자식의 관계가 가진 유사성이 흥미롭다. 자연이 주는 풍요와 혹독한 교훈은 부모가 자식에게 베푸는 사랑과 헌신을 떠올리게 한다. 부모는 자식을 한없이 품고 용서하면서도, 잘못을 저지를 때는 엄한 훈육을 마다하지 않는다. 이처럼 부모는 자식의 텃밭과도 같은 존재이다.

 부모와 자식의 관계는 자연의 원형 회귀와 닮아 있다. 계절과 계절의 경계가 끊임없이 돌듯, 부모와 자식의 위치도 대를 이어가며 서로 바뀌어 간다. 오늘의 아버지와 어머니는 어제는 아들이자 딸이었으며, 어제의 아들딸들은 오늘의 아버지와 어머니가 된다. 시인은 이러한 자연의 순환 구조를 인간 존재의 원초적 순환성을 드러내는 알레고리로 녹여냈다. 겨울의 시어들은 바로 이러한 기원의 심상을 담고 있다. 어쩌면 24절기 원형 회귀의 시작점은 단연 겨울일 것이다. 이곳에는 별빛이 희미해지는 것이 아니라 서서히 커져가는 듯 자기 기만적인 신념이 깃들어 있다. 하지만 계절이 겨울에서 봄으로, 삶이 어둠에서 빛으로 나아간다는 이 올곧은 기만적 긍정 속에 모든 행복의 비밀이 숨어 있는 것은 아닐까?

겨울은 그 감춰진 시작점을 밝히는 공간이다. 그리고 아버지와 어머니라는 존재가 우리를 잊힌 시작점으로 인도한다.

    손대면 깨질 듯한 수정 같은 맑은 하늘
    거둠이 끝난 들녘 옥양목 푸른 날빛
    집 나간
    피붙이들이
    하나둘씩 모여들고
    찬 기운 겨울문턱 슬며시 다가서면
    김장을 버무리는 어머니 뒷모습에
    마른 잎
    뒹구는 소리
    겨울채비 서둔다

「입동(立冬)」 전문

겨울은 흩어졌던 가족이 "하나둘씩" 다시 모이는 계절이다. 가족이 함께할 때, 한겨울의 차가운 기운도 조금씩 사라진다. 화자의 기억 속 "김장을 버무리는 어머니 뒷모습"은 온기를 불러일으키는 강력한 원동력과 같다. 월동 준비를 위해 김장을 하는 어머니는 마치 따뜻한 이불과도 같다. 온 가족이 겨울을 날 채비를 서두르는 모습을 몸소 이끄는 어머니의 형상은 온 겨울을 덥히고도 남는다. 마음속에 따뜻한 얼굴 하나 간직하고 있다면, 세상이 아무리 차가워도 결코 떨리지 않는 법이다. 화자의 내면세계에는 이러한 어머니의 형상이 영원히 자리 잡고 있다.

입동에서 대한에 이르는 시편들은 일관되게 어머니와 아버지에 대한 은유로도 읽힌다. 부모는 계절의 경계를 돌고 도는 자연처럼, 온갖 생로병사와 흥망성쇠, 희로애락을 몸소 체현한 존재이다. 시어들은 겨울의 황폐함을 겉으로 드러내지만, 그 이면에는 어머니와 아버지가 살아온 인내와 사랑의 흔적이 고스란히 배어 있다. 이를 그냥 지나치지 않고 똑바로 바라보려면, 『내 안에 분꽃』의 시작점으로 되돌아가 볼 필요가 있다. 그리고 그 시집 초입에 배치된 시어들을 신중하게 음미할 때야 비로소 겨울 시편들의 깊은 의미가 진실하게 울려 퍼진다. 시인은 24절기 시편을 아버지와 어머니의 형상과 현실 풍경으로 두루 감싸고 있다. 24절기 시편은 시집 전체의 씨앗과도 같아서, 그 겉과 속이 시집 전반에 걸쳐 다양한 변주를 이룬다는 사실을 깨닫게 한다.

평생을 흙밭에서 고운 꿈 가꾸시며
피붙이 뒷바라지 엉크러진 손발들은

떠도는 구름 되어서 하늘 날고 있겠지

가뭄이 든 다리로 관주고개 넘으시던
야윈 등 굽은 어깨 그믐달에 접히어도
입가에 환한 미소는 잊지 못할 그리움

세월이 흐른 뒤에 그 자리 되어보니
이제야 알 것 같네 속울음 삼킨 사연
아버지 머물던 자리 눈 감으면 잊힐까

「思父曲」 전문

  여기서 "가뭄이 든 다리"는 메마르고 거친 다리를 의미하는 시적 허용이다. 대지는 계절을 거치며 푸르게 펼쳐졌다가도 때로는 가물고 황폐해진다. 이 모습은 인간의 생애와 겹쳐지며, 자연의 가뭄과 인간의 생로병사, 역경을 중첩시켜 시적 효과를 극대화한다. 이는 부모와 자연이 명백히 비유적으로 연결되어 있음을 드러낸다. 또한, "이제야 알 것 같네, 속울음 삼킨 사연"이라는 화자의 고백에서 부모와 자식의 자리바꿈이 뚜렷이 드러나며, 봄-여름-가을-겨울로 이어지는 자연의 순환 구조를 연상케 한다.
  이 시의 첫 연 초장에서는 "흙 밭", "손발들", "구름 되어서 하늘 날고"와 같은 표현들로 자연과 인간의 '접점'을 펼쳐낸다. 이는 시집 전반에 흐르는 자연과 인간에 대한 시적 태도의 한 단면이라 할 수 있다.

　아버지의 모습은 언제나 자연의 다른 대상을 떠올리게 한다. 그 이유는 모든 것이 아버지의 형상을 닮았기 때문이다. 예를 들어, 야윈 등은 그믐달을 연상시키며, 아버지의 모습은 자연의 아름다움을 고스란히 담고 있다. 그러나 아버지의 "환한 미소"만큼은 어떤 자연물로도 대체할 수 없으며, 그 미소 자체가 독보적인 시적 아름다움으로 기능한다. 어쩌면 이 '미소'는 생명에 대한 원초적 감각이라 할 수 있다. 수많은 생의 기표 가운데서도 불변하는 '절대적 이미지'이며, 그리움은 바로 이 절대에 대한 체험이다.

　이 지점에서 자연이 작동하는 원리가 새롭게 재구성된다. 24절기는 아버지와 어머니의 형상을 불멸의 차원에 자리매김하려는 시적 전략이며, 자연은 아버지와 어머니를 살아 숨 쉬게 하는 매개체로서 특별한 가치를 지닌다. 시를 통해 자연이라는 불멸의 시간성과 인간 주체가 한자리에 모여 영원한 빛을 얻는다. "환한 미소"는 이러한 빛의 영원성을 상징하며, 이는 「울 엄마」에서도 반복적으로 나타난다.

　　피붙이 키우시며 입가에 환한 미소
　　고희에 글을 배워 이름자 써 놓시고

못 배운 한을 푸셨다고 좋아하던 그 모습

　　애호박 몇 개 놓고 앉아있던 그 모습을
　　못 본 척 돌아갔던 철부지 어린 시절
　　떠난 후 속죄의 눈물 앙가슴을 후비네

「울 엄마」 전문

　첫째 연 초장부터 이미 "환한 미소"가 등장한다. 어머니의 "못 배운 한"이라는 시어에는 고된 삶의 풍경이 고스란히 스며있다. 신산한 삶을 버티며 가족을 돌본 끈기와 인내가 짙은 향기를 자아낸다. 빛나는 미소를 중심으로 어머니의 삶이 오롯이 드러난다. 이 지점에서 그리움은 "속죄의 눈물"로 확장된다. 그 눈물은 단순한 그리움을 넘어 결코 잊지 않기 위한 영원한 속죄의 의미를 담고 있다.

　이처럼 "환한 미소"는 「思父曲」과 「울 엄마」에서 반복·중첩되며 아버지와 어머니 존재의 시적 기능을 견고히 다진다. 부모는 화자에게 존재의 맹아萌芽이며, 부모의 심상이 살아 숨 쉬는 자연은 영원한 회귀의 공간으로 작동한다. 이러한 자기 근원 찾기의 여정은 오직 시를 통해서만 새로운 가능성을 열어간다.

　결국 김병철 시 세계의 밑바탕에는 이슬방울, 눈물방울, 땀방울이라는 '액체'가 흐르고 있다. 이 '액체'는 불멸에 대한 유일한 질료라 할 수 있다. 물은 자연의 정화와 생산을 담당하는 가장 원초적인 자원인데, 아버지-어머니라는 기제가 자연과 함께 불멸성을 획득하는 것이다. 다시 말해 시인의 시적 공간에서 외부(형식, 기표)는 '자연', 내부(내용, 기의)는 '아버지-어머니', 그리고 시적 논리는 '액체'의 형태로 구현된다. 이슬방울은 자연과 생명의 숭고함을 상징하고, 눈물방울은 아버지-어머니와 자연을 연결하는 매개를 이루며, 땀방울은 자연=아버지/ 어머니의 시공간에 대한 시적 태도를 구성한다.

  이러한 '액체'는 시편 곳곳에 '소금'이라는 심상으로도 자주 등장한다. 살을 저미는 듯 짜고 서늘한 소금의 기운은 부활과 재생산의 기의를 낳는다. 일상에서 흔히 접할 법한 사물들이 삶의 애틋한 풍경을 밝혀내며, 이는 모든 대상을 얼어붙게 하는 겨울의 영향에 대한 간접적 표현이기도 하다. 소금은 농민 및 존재의 눈물과 땀을 상징하며, 특히 생명을 정화하고 되살리는 물에 대한 심상의 고유한 성질을 온전히 담고 있다.

    갈라진 노란 속살 겹겹이 소금세례
    씻기고 다듬어서 붉은 옷 곤지 찍어
    인연을 다독이면서 묵언수행 들었다

                                  「배추 김장김치」 전문

배추가 "소금세례"를 견디는 과정은 그야말로 기나긴 참회와 성찰의 시간이다. 소금은 인내하며 거듭나 삶을 다시 열려는 존재를 북돋운다. 그런데 주목할 점은 소금 자체가 지닌 삶의 태도다. 배추에 스며들어 자기 생을 다해 배춧잎을 김장김치로 다시 태어나게 하는 소금의 몸짓은, 소박한 반찬에 깃든 엄숙함과 소중함을 일깨우며 우리 삶을 조용히 다독인다.

이 관념은 시편 전체에 흐르는 화자의 시적 태도와 맞닿아 있다. 화자는 줄곧 아버지와 어머니의 희생을 강조해 왔으며, 부모는 화자의 마음속에 생생히 스며있다. 마치 소금이 배추 속살 구석구석에 침투해 자기 자신을 녹여 배춧잎과 하나가 되듯, 아버지와 어머니도 화자와 한데 어우러져 있다. 그리고 화자는 부모님을 그리워하는 동시에, 자신도 아버지가 되어 소금처럼 자식의 품에 스며들 것을 떠올린다. 존재란 바로 소금 같은 삶의 형식을 띠고 있음을 보여준다.

소금은 겨울뿐 아니라 한여름 '대서'에도 등장한다. 문명의 거센 힘조차 자연의 무더위를 꺾지 못한다. 화자는 낮달처럼 잠 못 이루며 땀을 뻘뻘 흘리고, 이른바 "소금산"을 쌓는다. 혼신의 젖몸살을 앓으며 피워낸 하얀 소금꽃(「벚꽃」)은 햇살 아래 찬란한 순정을 드러낸다. 고단한 떠돌이 삶을 달빛이 비추는 "비탈밭 소금꽃"(「메밀밭」)이 어루만진다. 이처럼 '소금'은 반복적으로 등장하며 고단한 삶과

희생의 의미를 환기시킨다. 짜디짠 고행의 삶은 오랜 성찰의 시간을 거쳐 깊은 "독경 소리"를 낳는다.

> 대숲의 바람 소리 잡생각 밀쳐내고
> 촛불은 소신공양 귀를 여는 독경 소리
> 뜰아래 구르는 햇살 묵언수행 들었네

「산사(山寺)에서」 전문

이 시에서는 「배추 김장김치」 종장에 등장했던 "묵언수행"이 다시금 나타난다. 배춧잎과 소금이 자기희생을 통해 김치를 살리는 '묵언수행'의 과정인 것이다.

여기서의 "묵언수행"은 촛불을 매개로 희생과 인내의 깨달음을 암시한다. 불교 수도승이 자기 자신을 태워 바치는 '소신공양'을 애절한 "독경 소리"가 감싸안고 있는 형상이다.

소신공양의 주체는 촛불 자체일 수도, 촛불이 상징하는 어떤 관념적 대상일 수도 있으며, 나아가 촛불은 화자의 삶의 근거를 상징할 수도 있다. 그러나 가장 중요한 점은 소신공양을 지켜보는 주체의 마음가짐이다. 촛불의 희생정신에 진정으로 공감하고 진리를 향해 내면을 열 때, "독경 소리"는 비로소 그 진정한 의미를 갖게 된다.

인연의 발걸음에 마주한 님의 침묵

　　천년 혼 서린 뜨락 은은한 독경 소리

　　기 받아 스친 옷깃에 죽비 소리 들리네

「백담사(百潭寺)」 전문

　위의 "독경 소리"는 시 속에서 끊임없이 반복된다. 독경이란 결국 삶 속 애욕과 온갖 욕망을 다스리는 내면의 울림이다. 경문을 낭독할 때마다 한 구절씩 깨달음의 목소리가 내면에서 반향하며, 그 깨달음은 외부가 아닌 내면 깊은 중심을 향한다.

　시인 한용운은 마치 생전 작품 『님의 침묵』을 묵묵히 실천하듯 화자의 앞에서 침묵으로 일관한다. 그 침묵은 "천년 혼 서린 뜨락 은은한 독경 소리"로 변하여 화자의 내면을 밝히고, 어깨를 치는 "죽비 소리"로 다가와 인연의 의미를 깨우친다.

　이처럼 삶은 온통 견디고 버텨내야 진정한 형체를 이룰 수 있는 고단한 과정이다. 소금처럼 녹아내리며 끝없이 굴러가는 원형 회귀의 삶을 견뎌내야 한다.

　김병철의 시조 언어는 자연의 불멸성과 필멸의 인간 존재를 통해 생명의 의미를 묻는다. 그 지난한 질문과 의혹의 과정은 생명의 아름다운 '분꽃' 빛깔로 흩날린다. '분꽃'은 씨앗의 배젖이 분가루 같아 붙여진 이름으로, 시인은 생명의 잉태와 재생에서 시적 아름다움을 발견한다. 늘 논두렁에서 흙과 뒹굴며 자연을 벗 삼는 농민, 곧 우리 고유의 전통적 인간상이 자아내는 향기와 빛깔이 이번 시집에 가득하다.